Dein buntes Wörterbuch des Meeres

Idee:
Emilie Beaumont

Text:
Marie-Renee Pimont

Illustrationen:
F. Ruyer, Y. Lequesne, F. Guiraud

FLEURUS VERLAG

FLEURUS VERLAG, Mainzer Straße 116, 66121 Saarbrücken

Inhaltsverzeichnis

Aus dem Französischen:
Stefanie Gabriel und Susanne Kaufmann

Nach den Regeln der neuen Rechtschreibung

MEERE UND OZEANE

DER ERSTE OZEAN

Nachdem die Erde entstanden war, dauerte es noch Millionen Jahre, bis sich auch der erste Ozean bildete.

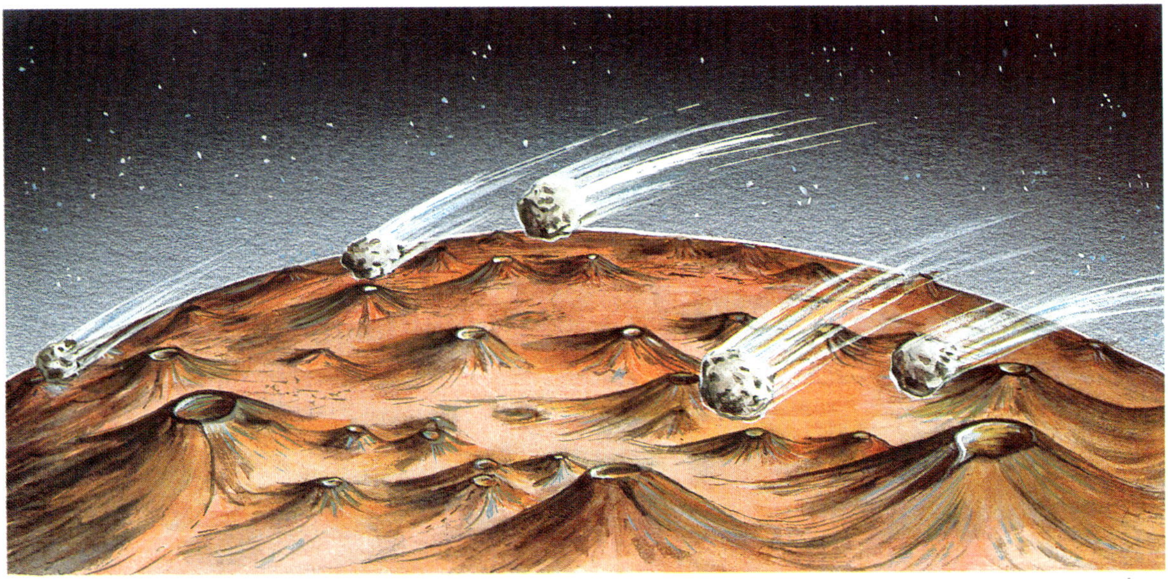

Die Erde war einst mit Kratern bedeckt und ständig fielen große Steinbrocken aus dem Weltraum herab.

Nach und nach kühlte die Erde ab. Im Laufe von Millionen Jahren verwandelte sich der Wasserdampf aus den Vulkanen in Wasser.

DIE LANDMASSE BEWEGT SICH

Die zusammenhängende Landmasse zerbrach in große Landschollen, die auseinander trieben.

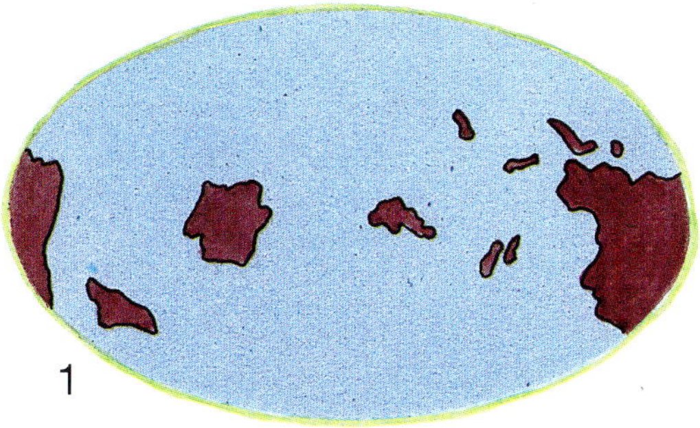
1

2

Schau dir diese 4 Abbildungen genau an. Sie zeigen die Veränderungen und Bewegungen der Landmassen.

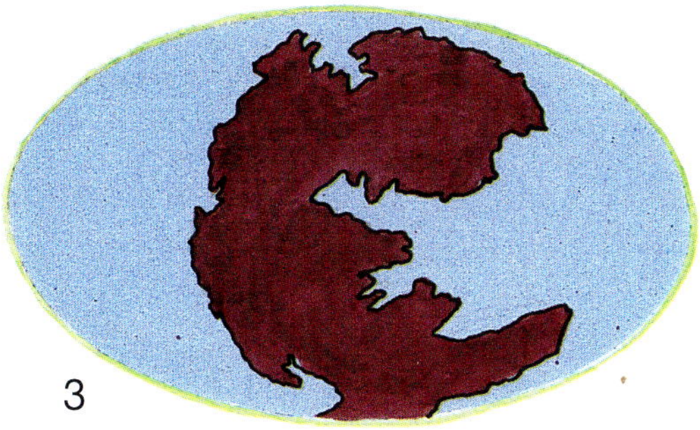
3

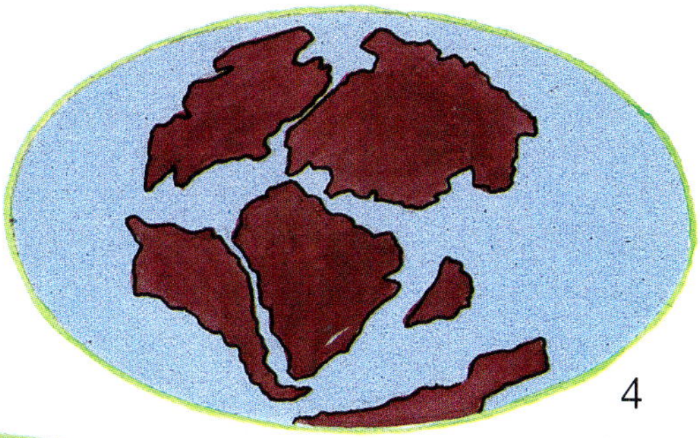
4

Wie unser Planet heute aussieht

Noch immer bewegt sich die Erdkruste. Wenn die Massen aneinander stoßen, bebt die Erde.

DER URSPRUNG DES LEBENS

Diese Lebewesen ohne Augen, ohne Mund und mit langen Fühlorganen gehören zu den ersten Tieren, die im Meer entstanden sind.

DIE ERSTEN MUSCHELN: DIE AMMONITEN

Vor mehr als 400 Millionen Jahren entstanden die Ammoniten, lange bevor es Dinosaurier gab. Beide starben später zur gleichen Zeit aus.

In den Muschelschalen waren Luftkammern, die es den Ammoniten ermöglichten, auf dem Wasser zu treiben.

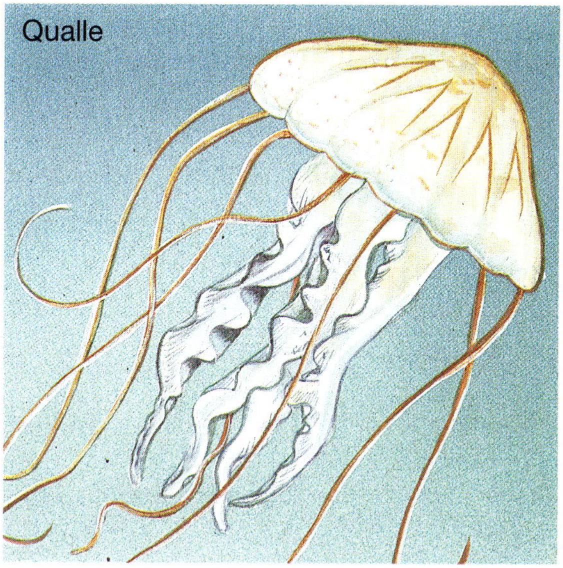

Der Nautilus ist mit den Ammoniten verwandt. Es gibt ihn noch heute. Auch die Quallen existieren schon seit der Zeit der Ammoniten.

DIE ERSTEN TIERE MIT PANZER

Diese sehr frühen Tiere waren äußerst klein. Manche sahen aus wie Pflanzen. Sie lebten zwischen Schwämmen und Korallen.

1. Seelilie: Von diesem Tier stammen Seestern und Seeigel ab.
2. Triboliten: Vorfahren der Krabben und Hummer.

DIE ERSTEN FISCHE

Kopf und Körper waren mit einer gepanzerten Haut bedeckt. Manche hatten statt eines richtigen Maules nur eine einfache, runde Öffnung.

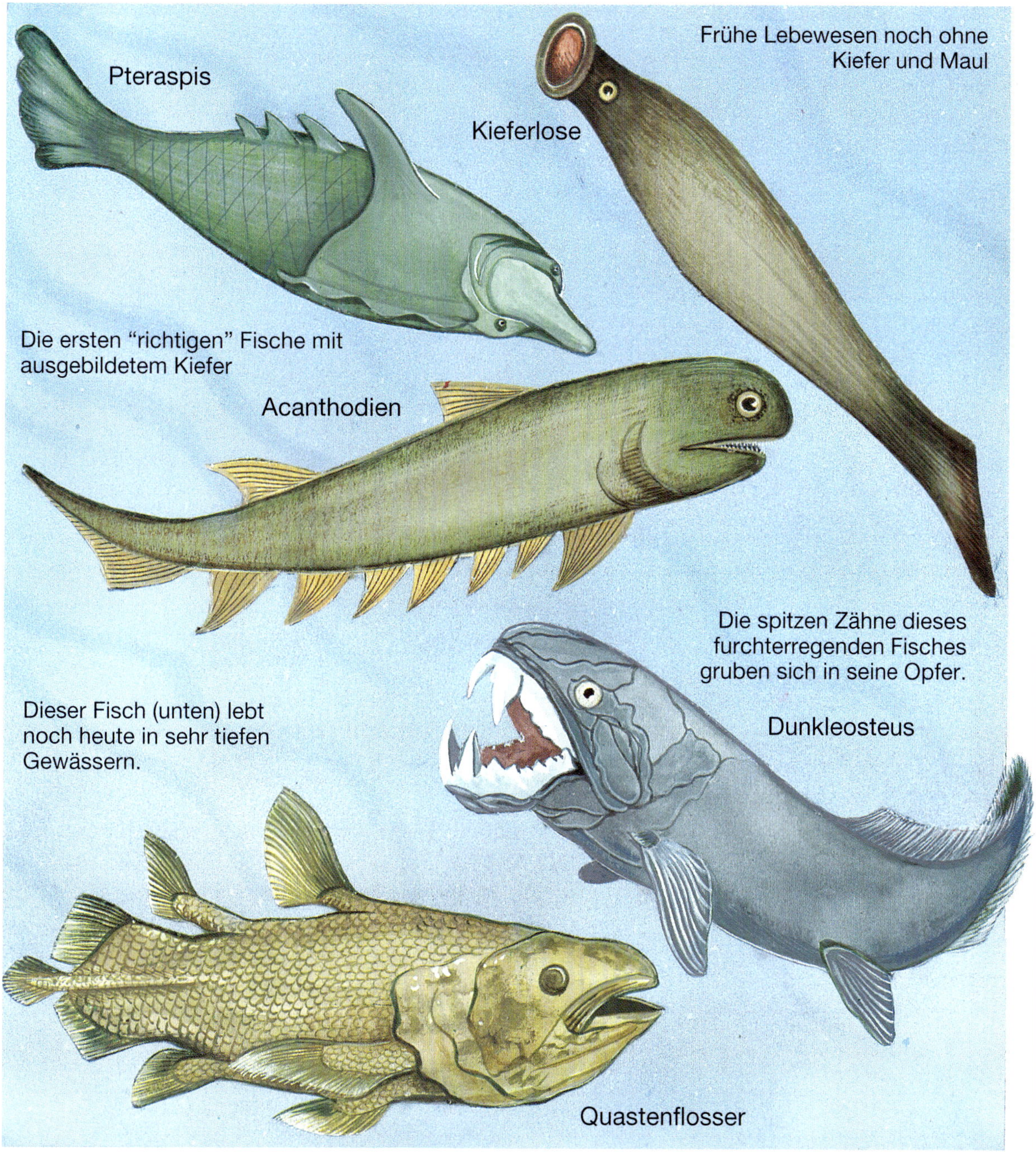

ALS DIE DINOSAURIER LEBTEN

Als die Dinosaurier die Erde bevölkerten, lebten in den Meeren riesige, seltsame Tiere.

Die Vorfahren dieses Tieres lebten auf dem Land. Seine Augen waren so groß wie der Kopf eines Menschen.

Geschickt wurde der lange Hals beim Fischfang eingesetzt. An Land bewegte sich das Tier auf seinen 4 Flossen vorwärts.

TIERE, DIE DAS MEER VERLIESSEN

Alle Reptilien stammen aus dem Meer. Während die Dinosaurier das Land eroberten, beherrschten die Flugechsen die Luft.

Rhamphorhynchus

Anders als die später lebenden Vögel hatten die Flugechsen noch keine Federn, aber Zähne, mit denen sie ihre Beute töteten.

Pteranodon

Gleitend suchte dieser Flugsaurier das Wasser nach Beute ab. Alle diese fliegenden Echsen sind wie die Dinosaurier ausgestorben.

ERKENNST DU SIE WIEDER?

Lies die folgenden Hinweise genau durch und zeige dann das dazugehörende Tier! 1. Ich habe riesengroße Augen.

2. Ich werde durch einen festen Panzer geschützt. 3. An Land laufe ich auf meinen Flossen. 4. Ich bin die erste Muschel.

MEERE UND OZEANE

Vom Weltraum aus betrachtet sieht unsere Erde ganz blau aus: Ihr größter Teil ist mit Wasser bedeckt.

Die Meere sind kleiner und weniger tief als die Ozeane. Manche Meere sind fast vollständig von Land umgeben.

Ohne Meere und Ozeane wäre die Erde ein toter Planet, denn alles Leben entstand vor ungefähr 3,5 Milliarden Jahren im Wasser.

Die Ozeane bestehen aus gigantischen Wassermassen, die ständig in Bewegung und oft mehrere Kilometer tief sind.

1

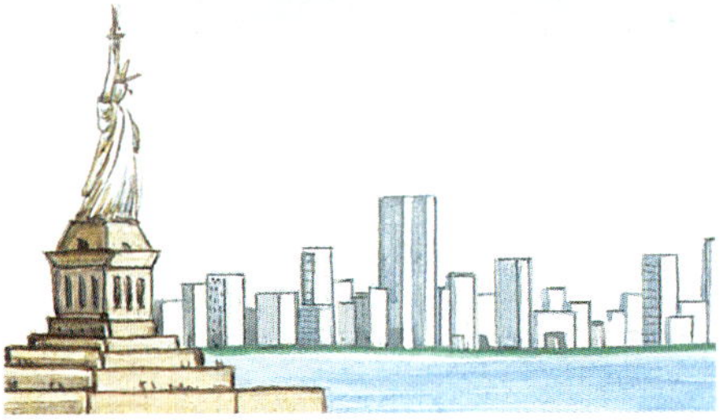

New York

2

Antillenstrand

3

Rio de Janeiro

4

Argentinien

DER ATLANTISCHE OZEAN

Ein Schiff, das in Europa oder Afrika ablegt, muss diesen Ozean ganz überqueren, um Amerika zu erreichen.

Christoph Kolumbus legte in Spanien ab und durchsegelte den Atlantik. So entdeckte er Amerika. Allerdings glaubte er in Indien gelandet zu sein. Deshalb nannte er die Eingeborenen Indianer.

Beachte:

Die Nummerierung der Bilder links und rechts findest du auf der Landkarte an der entsprechenden Stelle wieder.

Westafrikanische und brasilianische Kinder können gleichzeitig im Atlantik baden und sind doch tausende Kilometer auseinander.

5

Grönland

6

Bretonischer Hafen

7

Elfenbeinküste

8

Fischer in Südwestafrika

INDISCHER OZEAN

Dieser Ozean liegt zwischen Afrika, Asien und Australien.

Im Roten Meer

Erdölbohrung

Seychellenstrand

Madagaskar

Über dem Indischen Ozean entstehen schreckliche Wirbelstürme. Während des Monsuns bringt der Wind heftigen Regen.

Bengalischer Tiger

Indischer Elefant

Orang-Utan in Malaysia

Australischer Ureinwohner

STILLER OZEAN

Dieser Ozean, auch Pazifik genannt, liegt zwischen Asien, Australien und Amerika.

1

Fudschijama

2

Reisfelder in China

3

Strand in Neuguinea

4

Australische Wüste

Der Pazifik ist der größte und tiefste Ozean: Alle Länder der Welt fänden in ihm Platz.

San Francisco

Panamakanal

Osterinseln

Fischer in Bolivien

DIE POLARMEERE

Die Ozeane an Nord- und Südpol gefrieren im Winter und sind von einer dicken Eisschicht, dem Packeis, bedeckt.

ARKTISCHE TIERE

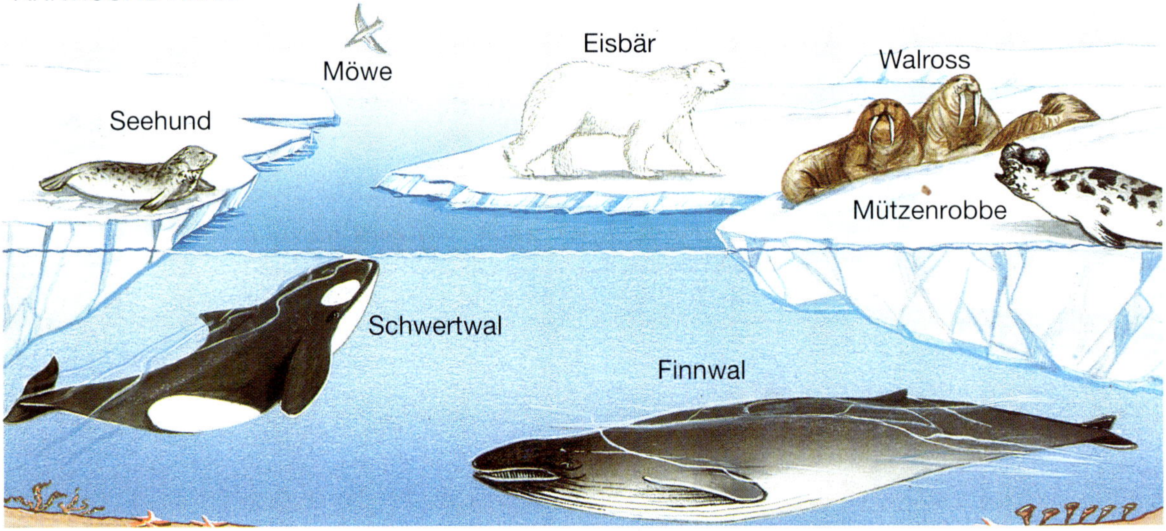

Im Sommer leben hier sehr viele Tiere, denn das Nordpolarmeer bietet mit unzähligen Krabben reichhaltige Nahrung.

TIERE IN DER ANTARKTIS

Im Sommer schmelzen Teile der gigantischen Eisberge. Auf diese Weise gelangt viel Süßwasser in diesen Ozean.

Jedes Jahr entstehen unzählige neue Eisberge. Diese riesigen Eisblöcke aus Süßwasser schwimmen auf dem Meer.

Eine Eismasse schiebt sich langsam in Richtung Meer. Ein Block trennt sich von der Masse ab. So entstehen die Eisberge.
2 bis 4 Jahre dauert es, bis ein Eisberg schmilzt.

Am Südpol spalten sich Eisberge von gewaltiger Größe von der Eismasse ab. Der größte Eisberg, der je vom Flugzeug aus gesichtet wurde, war mehr als 350 km lang!
Auf solchen Eisbergen leben Pinguine.

Pinguine sind die bekanntesten Tiere am Südpol (Antarktis). Diese Vögel fliegen zwar nicht, schwimmen aber erstaunlich schnell.

DAS MITTELMEER

Das Wasser des Mittelmeeres stammt aus dem Atlantik. Es ist aber wärmer und salzhaltiger.

Das Mittelmeer ist fast vollständig von Land umschlossen. Es gibt hier kaum Ebbe und Flut.

Hafen auf Korsika

Tunesischer Strand

Viele Häfen für Fischer- und Ausflugsboote liegen rund um das Mittelmeer. Oft reichen Gebirge bis nahe an die Küste.

In den Tiefen des Mittelmeeres leben zahlreiche Fischarten. Manche sind nur hier und sonst in keinem anderen Meer zu finden.

DAS TOTE MEER

Dieses Meer heißt so, weil es so viel Salz enthält, dass hier kein Fisch leben kann. In 12 m Tiefe ist es völlig dunkel.

Das Tote Meer ist sehr klein und sieht aus wie ein großer See. Es liegt inmitten einer Wüstenlandschaft.

An flacheren Stellen formen sich bizarre Salzgebilde. Schwimmen ist nicht nötig, das salzhaltige Wasser trägt alles und jeden.

DAS ROTE MEER

In diesem Meer gibt es eine Algenart, die beim Absterben eine rote Färbung annimmt. Daher hat das Meer seinen Namen.

Das Rote Meer ist ein Paradies für Taucher. Die Fische haben sich an die vielen Taucher gewöhnt und lassen sich fotografieren.

DIE KORALLEN

Korallen sind seltsame, wunderschöne Gebilde in den warmen Meeren. Sie sind eine Ansammlung vieler kleinster Lebewesen.

Jedes dieser kleinen Tiere hat eine Mundöffnung, umgeben von mehreren Armen. Wenn es Hunger hat, fängt es mit diesen Armen winzige Krebse.

Diese kleinen Tiere müssen sich schützen. Daher umgeben sie sich mit einer harten muschelartigen Hülle. Dicht aneinander gedrängt formen diese Hüllen eigenartige Gesteine unterschiedlicher Größe. Nicht alle Korallen sehen aus wie Steine. Manche ähneln farbenprächtigen Pflanzen.

Manche Korallenriffe erreichen eine Länge von mehreren Kilometern und bilden vor den Küsten richtige Schranken.

Ein Korallenriff ist ein Wunder der Natur, das man vor allem im Pazifischen Ozean findet.

LEBEN IM KORALLENRIFF

Das längste Korallenriff gibt es vor Australien: Hier leben zahlreiche, bunt gefärbte Fischarten, die im Riff Schutz und Nahrung finden.

DIE GALAPAGOSINSELN

Diese Inseln sind alte, erloschene Vulkane, die sich aus dem Meer erhoben haben.

Dieser Vulkan wurde mit jedem Ausbruch größer, bis er schließlich aus dem Meer ragte und so zu einer der Galapagosinseln wurde.

Der Wind wehte Samen auf die Inseln. Insekten wurden mit Strandgut angeschwemmt, andere Tiere kamen schwimmend oder fliegend.

TIERE AUF DEN GALAPAGOSINSELN

Hier leben ganz andere Tiere als auf dem Festland. Sie sind geschützt, niemand darf sie jagen.

IN DEN TIEFEN DES OZEANS

Auf dem Grund des Ozeans gibt es verschiedenartige Landschaften: Berge, Ebenen, Vulkane, steile Felsen.

An manchen Stellen ist der Meeresboden mit Vulkanen übersät und von tiefen Gräben zerfurcht.

Der Großteil des Meeresbodens besteht aus weitflächigen Ebenen, die oft von Gebirgsketten durchzogen sind.

UNTERSEEISCHE LAVA

Bei einem Vulkanausbruch strömt Lava ins Meer, die am Grund zu kissenförmigen Gebilden erstarrt.

Schnell kühlt die äußere Schicht ab, aber im Innern bleibt die Lava noch sehr lange heiß.

LEBEN AM MEERESGRUND

Die Sonnenstrahlen dringen nur bis zu einer bestimmten Wassertiefe durch. Und doch gibt es Tiere, die tiefer im Kalten und Dunkeln leben.

Die Seelilie ist ein Tier, das schon seit Millionen Jahren existiert.

In der Tiefe gibt es nur wenig Nahrung. Dafür verschlingen die Tiere Beute, die fast so groß ist wie sie selbst.

HEIßE QUELLEN AM MEERESGRUND

In der Nähe von heißen Quellen wächst und gedeiht vieles. Hier gibt es genug Nahrung für alle.

Deshalb leben hier große Würmer, riesige Muscheln, Anemonen, Krabben und riesengroße Tintenfische.

FISCHE DER TIEFSEE

In großer Tiefe herrscht völlige Dunkelheit. Viele dort lebende Fische sind mit einem Leuchtorgan und riesengroßen Augen ausgestattet.

Dieser Fisch lockt seine Beute mit 350 kleinen „Lampen" an. Um möglichst viel Beute zu erwischen schwimmt er mit offenem Maul.

Auch dieser Tiefseeanglerfisch lockt seine Beute mit Helligkeit an. Seine Angelrute leuchtet besonders hell.

DER WASSERKREISLAUF

Die Meere haben eine wichtige Aufgabe: Hier bilden sich Wolken, die über das Land ziehen und Regen bringen.

Die Sonne erwärmt das Meerwasser. Wasserdampf steigt auf und ballt sich zu Wolken zusammen. Der Wind treibt die Wolken voran. Wenn die Luft abkühlt, werden aus dem Dampf Tropfen, die dann als Schnee, Regen oder Hagel auf die Erde fallen. Dieses Wasser sammelt sich in Bächen und Flüssen und gelangt wieder ins Meer.

DIE MEERESSTRÖMUNGEN

Wie Flüsse führen die Strömungen Kalt- oder Warmwassermassen durch die Meere.

Diese Strömungen kann man leicht an ihrer Färbung erkennen. Sie bieten reichlich Nahrung, die Fische und Vögel anlockt.

Diese kleinen Schildkröten lassen sich mit der Strömung treiben.

Eine Flaschenpost kann mit der Strömung das Meer durchqueren.

WIE ENTSTEHEN WELLEN?

Der Wind, der über das Meer bläst, lässt Wellen entstehen, die sich dann an felsigen Küsten und Stränden brechen.

An diesem Strand ist es windstill und trotzdem siehst du Wellen. Sie sind weit draußen auf dem Meer entstanden.

Wenn ein Sturm losbricht, können die Wellen so hoch werden, dass sie ein Schiff verschlingen!

DAS MEER KOMMT UND GEHT: DIE GEZEITEN

Das Wasser hat während der Flut seinen höchsten Stand. Bei Ebbe zieht es sich bis zu seinem Tiefstand zurück.

6 Stunden lang steigt das Wasser und bedeckt mehr und mehr den Strand. Würmer, Krebse und Fische gehen auf Nahrungssuche.

In den nächsten 6 Stunden fällt das Wasser. Nun kommen Vögel, um nach Würmern und Muscheln zu suchen.

Der Mond verursacht die Gezeiten, da er die Wassermassen auf der Erde in seine Richtung zieht.

Am Mont Saint-Michel in Nordfrankreich gibt es die stärksten Gezeitenunterschiede in Europa.

Springfluten entstehen, wenn Sonne, Mond und Erde eine Linie bilden. Die Kraft der Sonne und die des Mondes wirken dann zusammen.

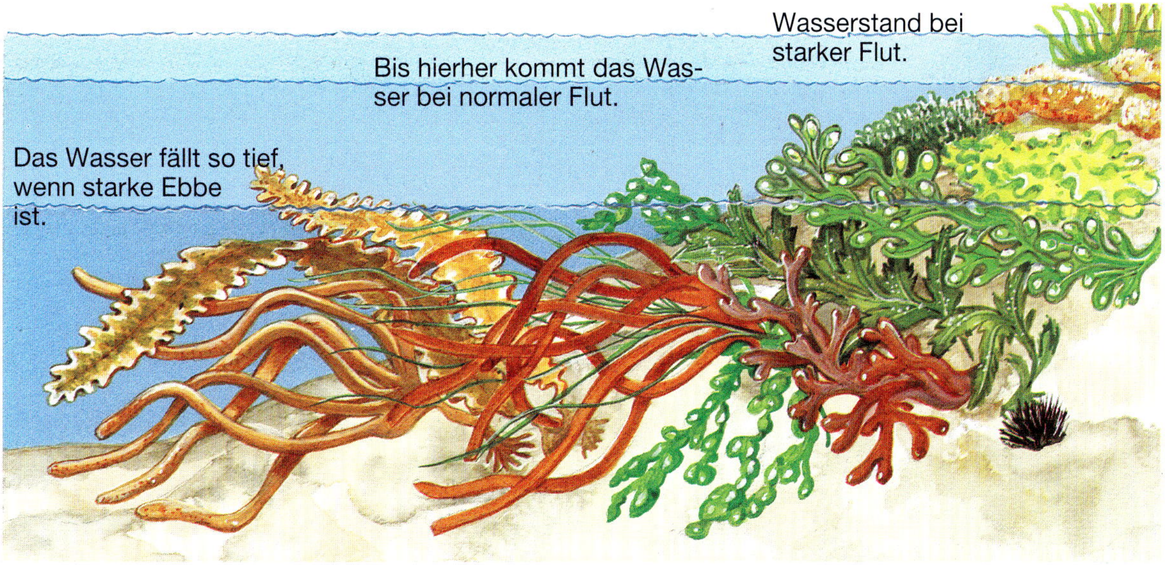

Algen wachsen dort am Ufer, wo sie die besten Bedingungen finden. Manche sind immer im Wasser, andere liegen bei Ebbe frei.

STURMFLUT

Eine Sturmflut hat nichts mit den Gezeiten zu tun! Sie besteht aus einer Kette gigantischer Wellen, die eine Überschwemmung verursachen.

Ein Erdbeben am Meeresgrund oder ein unterseeischer Vulkanausbruch können an der Meeresoberfläche diese riesigen Wellen entstehen lassen. Dann tobt das Meer und die Küsten werden überflutet.

WARUM IST DAS MEER SALZIG?

Wenn du beim Tauchen die Augen öffnest, spürst du ein Brennen. Wenn du das Meerwasser trinkst, kannst du das Salz schmecken.

Während der Entstehung der Meere hat kochend heißes Wasser das Salz aus den Felsen gespült.

Das Meersalz wird durch Trocknen gewonnen.

Von allen Meeren ist das Tote Meer das salzigste.

EINE STEILKÜSTE VERÄNDERT SICH

Steilküsten sind sehr hohe Felswände. Wenn Wellen sie ständig umspülen, können Brandungstore und Höhlen entstehen.

Am Fuß der Küste graben sich die Wellen zuerst ein. Nach und nach bröckeln kleine und große Felsen ab und fallen ins Meer.

Diesen Bogen nennt man Brandungstor.

Wenn die Decke einstürzt ...

... bleibt ein Fels im Meer stehen.

VOM STEIN ZUM SANDKORN

Nahe am Gipfel sickert Wasser in die Hohlräume der Felsen. Wenn das Wasser gefriert, sprengt es Steinstücke ab.

Diese Steinstücke werden von den Bächen über Flüsse bis ins Meer getragen, dabei werden sie immer kleiner.

Häufen sich Steintrümmer an einer Stelle an, können sie mit der Zeit eine Art Schranke bilden, durch die ein Salzsee entsteht.

DER SAND

Sand ist nur nahe an der Küste, nicht auf hoher See zu finden! Ist er trocken, rieselt er durch die Finger; ist er feucht, kann man ihn formen.

Beim Steigen der Flut wird Sand angespült und bleibt am Strand liegen.
Bei Ebbe weht der Wind weitere Sandkörner an, die sich im Laufe der Zeit zu Hügeln, den Dünen, anhäufen.

Wind und Wellen bewegen die Sandkörner: Es entstehen winzige Dünen, die Sandfurchen.

PFLANZEN UND TIERE IN DEN DÜNEN

Die Pflanzen halten mit ihren Wurzeln den Sand fest, sodass der Wind ihn nicht wegwehen kann. Daher: Pflücken verboten!!

EIN DELTA: ZWISCHEN LAND UND MEER

Ein Delta ist ein Gebiet in dreieckiger Form. Hier fließt ein Fluss mit zahlreichen Mündungsarmen ins Meer.

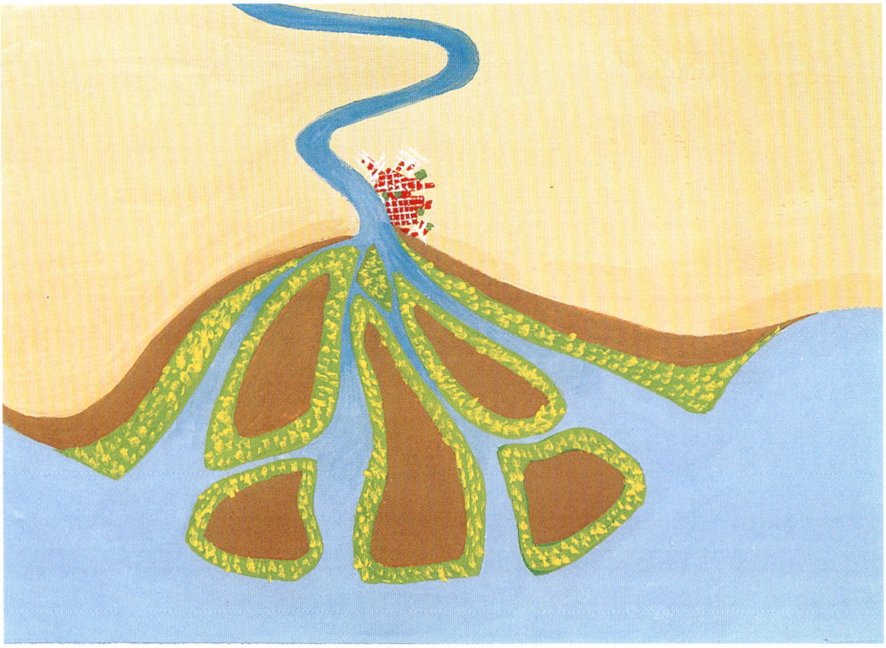

Der Fluss spült Schlamm, Sand und Kies weg und gräbt so Mündungsarme in das Land. Hier mischt sich das Süßwasser des Flusses mit dem Salzwasser des Meeres.

Viele Tiere leben in einem solchen Delta.

Die Camargue in Frankreich

Höfe sind auf den schmalen Landstreifen gebaut.

GAR NICHT SO DUMME FRAGEN!

Wenn du etwas nicht weißt, blättere noch einmal zurück. Die vorangegangenen Seiten geben dir die Antworten!

- 1 -

Ist das Wasser der Wolken salzig?

Ja oder nein? Warum?

- 2 -

Wo entstanden die ersten Lebewesen?

Im Wasser oder in der Luft?

- 3 -

Nenne die Namen zweier Fischarten im Toten Meer!

- 4 -

Ist die Koralle eine

Pflanze? Ein Stein?

Ein Tier?

- 5 -

Entstehen die Gezeiten durch den Wind über dem Meer?

Durch den Mond?

Durch Strömungen?

- 6 -

Ist der Wal ein Fisch?

1. Nein, denn nur der Wasserdampf steigt auf, nicht das Salz (S. 41). 2. Im Wasser (S. 10). 3. Es gibt im Toten Meer überhaupt keine Fische (S. 30)! 4. Ein Tier (S. 32)! 5. Durch den Mond (S. 45). 6. Nein, ein Säugetier (S. 84).

GEHEIMNISVOLLE EXPERIMENTE

Warum treibt man so leicht auf dem Toten Meer? Wie wird aus einem Muschelabdruck ein Fossil?

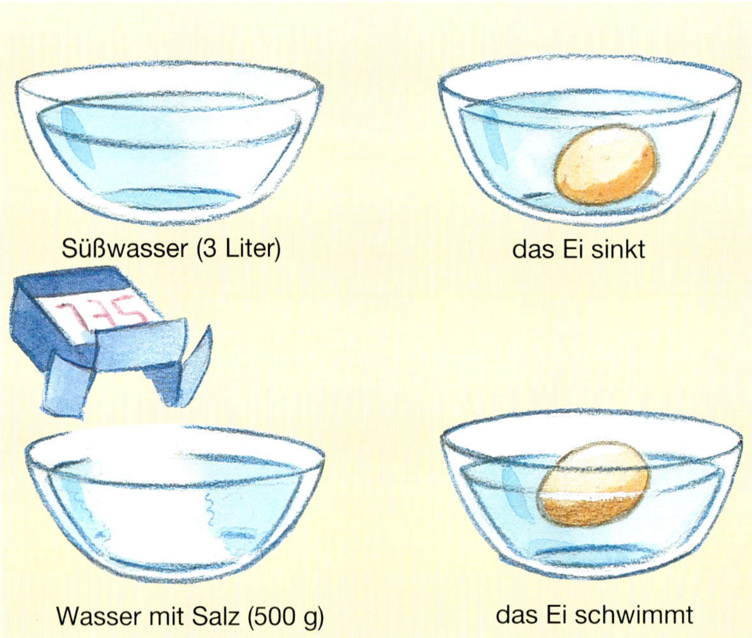

EXPERIMENT

Stell dir vor, das Ei sei ein Mensch und das salzige Wasser das Tote Meer. Sieh, wie der Mensch mühelos oben schwimmt!

Koche Wasser mit Salz auf. Bevor du das Experiment durchführst, muss das Wasser abkühlen ...

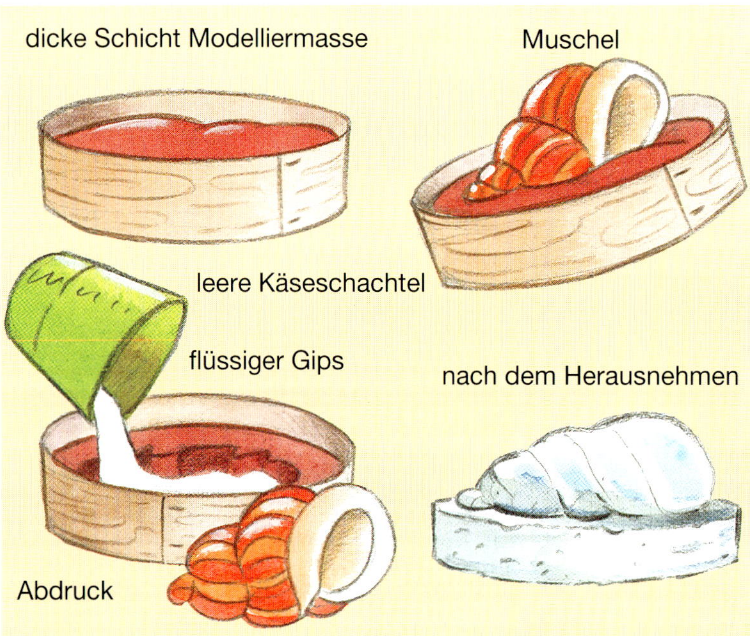

STELLE EIN FOSSIL HER

Drücke eine Muschel fest in Modelliermasse, ziehe sie dann wieder heraus. Fülle flüssigen Gips in den Abdruck. Ist der Gips trocken, kannst du das Fossil aus der Form nehmen!

In der Natur hat sich der Abdruck nicht mit Gips, sondern mit Sand gefüllt!

DIE TIERE

DIE KRABBEN

Bei Ebbe findet man zwischen den Felsen kleine Krabben. Weißt du, dass Krabben ihren Panzer verlassen, wenn er zu klein wird?

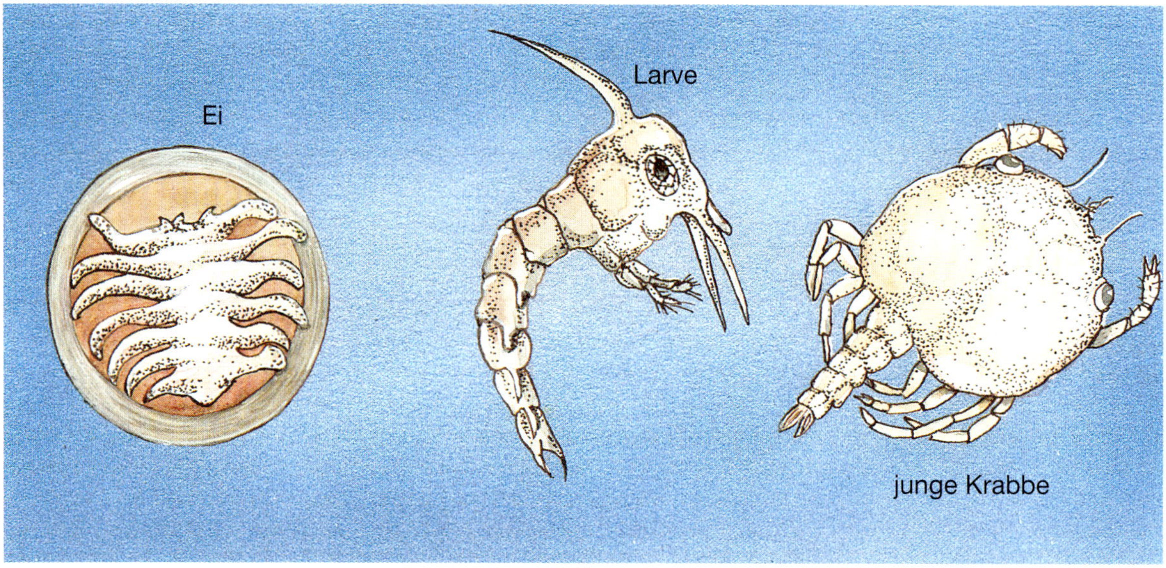

Aus dem Ei schlüpft eine Larve, die mit ihren Beinchen schwimmt. Bevor sich der erste Panzer bildet, ändert sich die Larve sechs Mal.

Die Krabbe trinkt sehr viel Wasser, so schwillt ihr Körper an und bringt den alten Panzer zum Platzen. Der neue ist noch weich.

STRANDFLÖHE

Auch der Strandfloh besitzt einen Panzer. Er ist mit der Krabbe verwandt. Beide gehören zu den Krustentieren.

Der Strandfloh mag kein Licht. Tags versteckt er sich im Sand, in der Nacht kommt er heraus, um Algen zu fressen.

Gleich nach dem Schlüpfen können die kleinen Strandflöhe springen. Sie lernen sich im Sand zu verbergen und zu schwimmen.

DIE SEEZUNGE

Die Larven, die aus den Eiern schlüpfen, sehen wie die der anderen Fische aus. Später werden sie ganz flach!

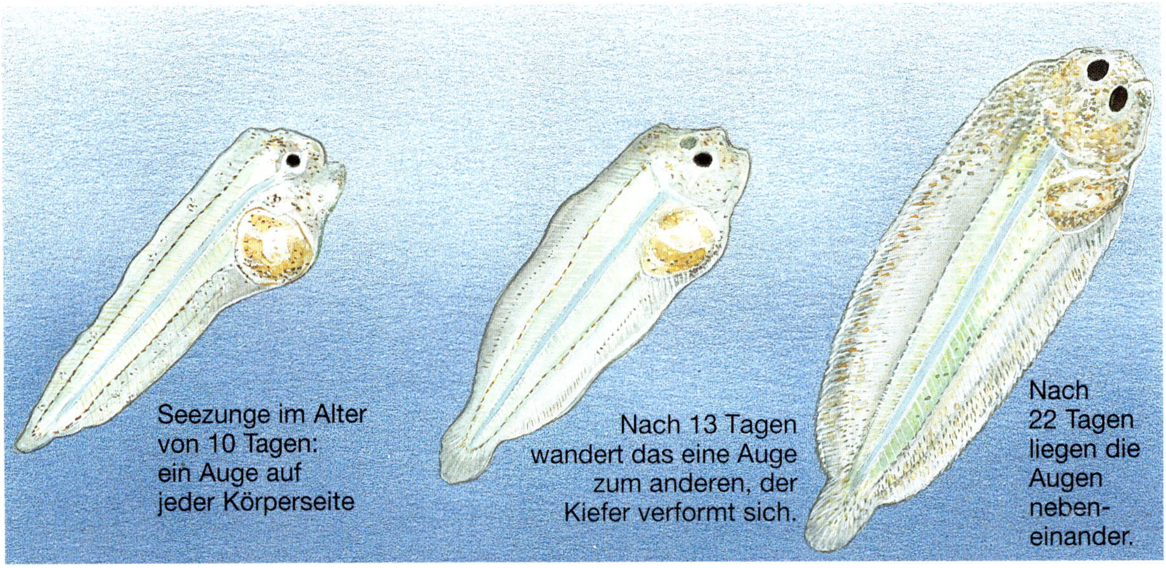

Sobald die beiden Augen der Seezunge auf einer Körperseite liegen, verlässt sie ihren Geburtsort und schwimmt zum Meeresgrund.

Die Seezunge ist ganz flach und wird bis zu 60 cm lang. Meist liegt sie im Sand oder im Kies versteckt.

ROLLENTAUSCH BEI FAMILIE SEEPFERDCHEN

Bei diesen seltsamen Fischen trägt der Vater die Eier aus und bringt hunderte von Jungen zur Welt.

Das Weibchen legt die Eier in die Bauchtasche des Männchens.

Einen Monat lang reifen die Eier in seinem Bauch.

Fest an eine Alge geklammert, schüttelt er die Jungen aus der Tasche.

In Fünfergruppen verlassen die zahlreichen Jungen die Bauchtasche.

EINE DELPHINGEBURT

Der Delphin ist kein Fisch. Er hat Lungen und atmet durch ein Loch am Kopf.

Ein Jahr lang wächst der Embryo im Bauch der Mutter. Bei seiner Geburt ist zuerst der Schwanz zu sehen. Die Hebamme passt auf.

Die Mutter schiebt ihr Junges zum Atmen nach oben. Die Hebamme verjagt Haie, die leichte Beute wittern.

DIE JUNGEN DER LEDERSCHILDKRÖTE

Die Lederschildkröte lebt in den Tiefen der warmen Meere. Nur einmal im Jahr kommt sie ans Land, um ihre Eier abzulegen.

Sie gräbt ein Loch und legt hunderte von Eiern ab, die sie mit Sand zudeckt. Danach kehrt sie ins Meer zurück.

Viele Gefahren lauern auf die Baby-Schildkröten.
Hier siehst du einige der Tiere, von denen sie gejagt werden.

7 Wochen nach der Eiablage schlüpfen die Schildkröten und bewegen sich zum Meer, wo sie weiter heranwachsen.

PINGUINE AM SÜDPOL

Pinguine sind zwar Vögel, können aber nicht fliegen.
Dafür schwimmen sie sehr gut.

Die Mutter legt das Ei zwischen die Beine des Vaters und geht auf Jagd. Er wartet regungslos und ohne zu fressen auf ihre Rückkehr.

Das Junge ist geschlüpft. Nun kümmert sich die Mutter darum.
Papa kann endlich wieder Fische fangen und sich satt fressen.

SEEVÖGEL

Manche Seevögel leben an den Küsten. Andere fliegen ohne Pause über die Meere und kommen nur zur Paarung in die Uferregionen.

Bei den Albatrossen bleibt ein Paar das ganze Leben zusammen und zieht die Jungen gemeinsam auf. Hier wird das Junge gefüttert.

Kormorane tauchen, um Fische zu fangen.

Der Papageientaucher frisst besonders gern Heringe.

WANDERER DER MEERE UND FLÜSSE

Lachse erkennen am Geschmack und am Geruch des Wassers den Fluss wieder, in dem sie geboren wurden.

Nach dem Schlüpfen findet eine langsame Verwandlung bis zum jungen Lachs statt, der die weite Reise ins Meer antritt.

Die ausgewachsenen Lachse verlassen das Meer, um zu ihrem Geburtsfluss zurückzukehren und dort selbst Eier abzulegen.

6000 KILOMETER QUER DURCH DEN ATLANTIK

Der Aal legt zwischen Geburt und Tod eine noch weitere Reise als der Lachs zurück: nämlich von Amerika nach Europa!

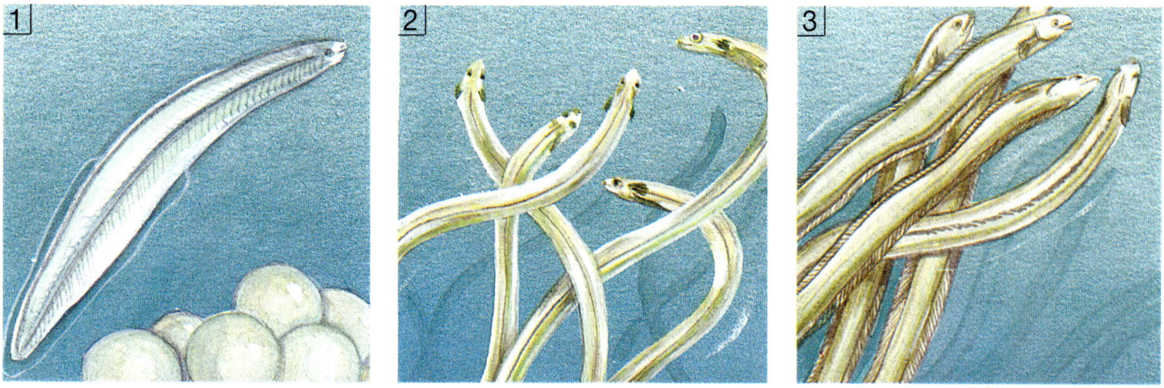

1. Die Larven schlüpfen in der Sargassosee. Sie werden von Strömungen in Richtung Europa getragen. 2. Nach 3 Jahren werden sie zu Glasaalen. 3. Sie wandern stromaufwärts in die Flüsse.

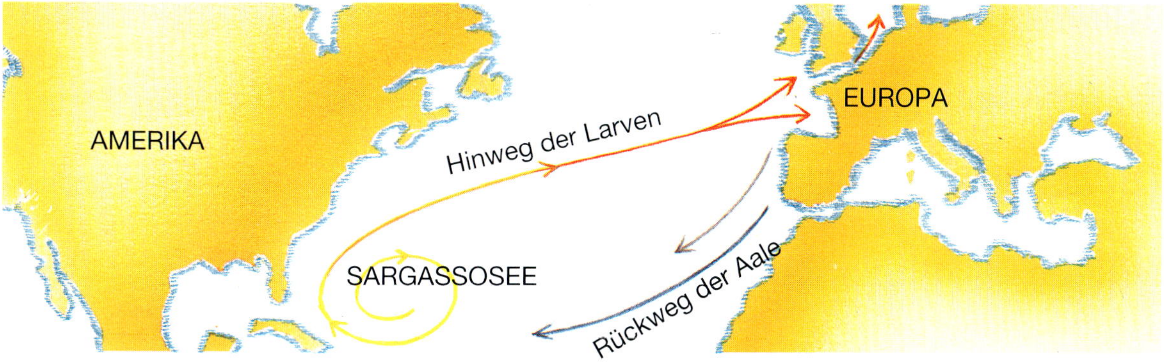

4. Junge Aale haben zunächst noch eine gelbliche Farbe. 5.-6. Die erwachsenen Aale suchen Flüsse, die sie zurück ins Meer bringen. Sie überqueren den Atlantik, um in der Sargassosee ihre Eier abzulegen.

DER SEESTERN, EIN MUSCHELFRESSER

Der Seestern ist ein Tier ohne Kopf. Die Saugfüßchen an seinen Armen dienen zur Fortbewegung.

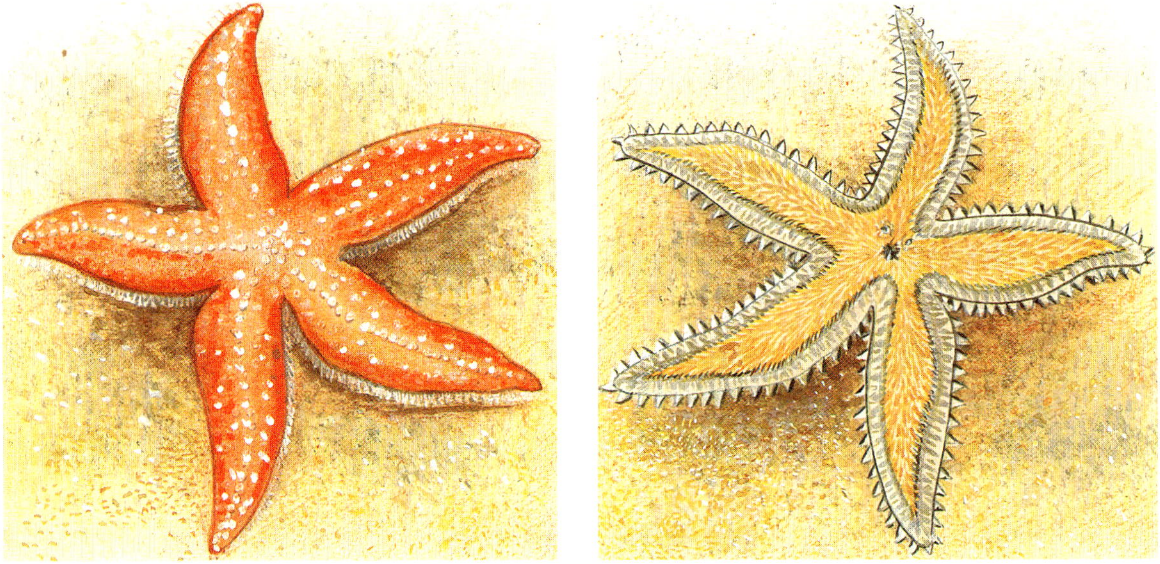

Die Mundöffnung befindet sich auf der Bauchseite, die dem Boden zugewandt ist.

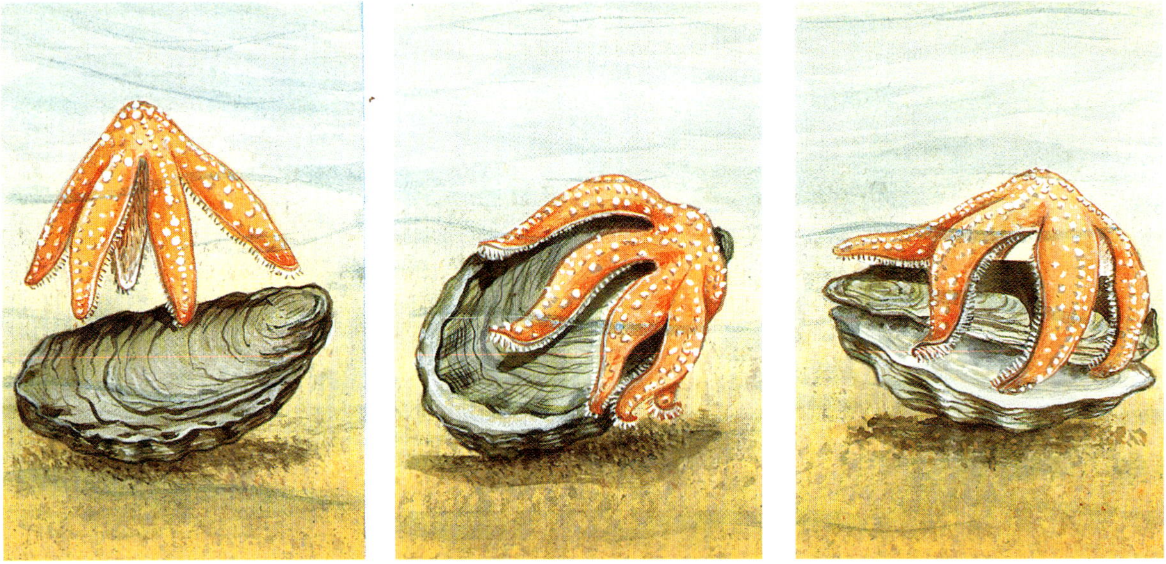

Der Seestern drückt die Muschelschale auf, führt seinen Magen in das Innere ein, verschlingt ihr Fleisch und zieht seinen Magen zurück!

DER SEEIGEL, EIN ALGENFRESSER

Am Strand kannst du manchmal schön geformte, runde Kalkgehäuse finden. Das sind Skelette von Seeigeln.

Auf dem rechten Bild siehst du die Mundöffnung mit den 5 Zähnen, mit denen der Seeigel Algen von den Felsen abzupft.

Manche Seeigel graben sich in Felsen ein, um sich zu verbergen.

Diese Schnecke greift einen Seeigel an, der den Kampf verliert.

HERZMUSCHEL UND MESSERSCHEIDE

Diese Muscheln haben zwei Klappen und sind gut im Sand versteckt. Ab und an schieben sie zwei Atemröhren an die Oberfläche.

Mit einem kräftigen Fortsatz gräbt sie sich in den Sand ein.

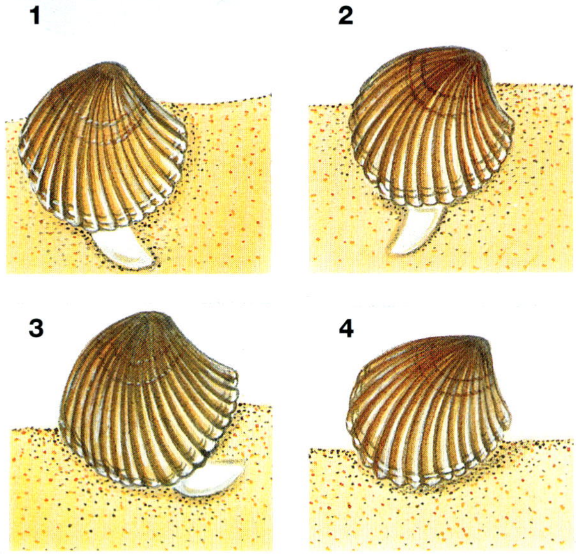

Um wieder herauszukommen schiebt sie den Fortsatz hin und her.

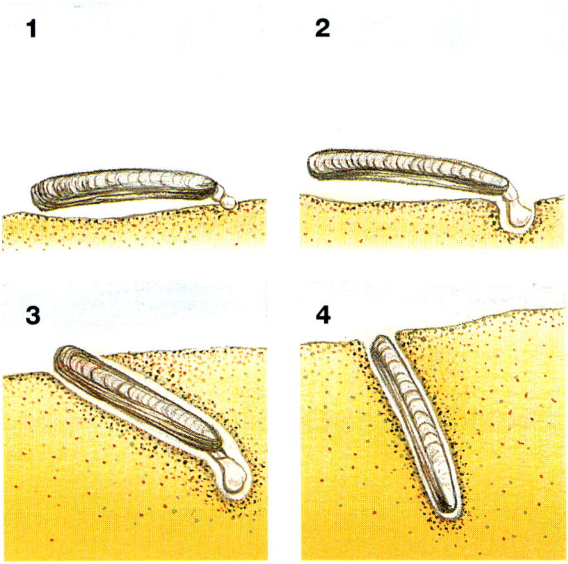

Diese Muschel heißt Messerscheide.

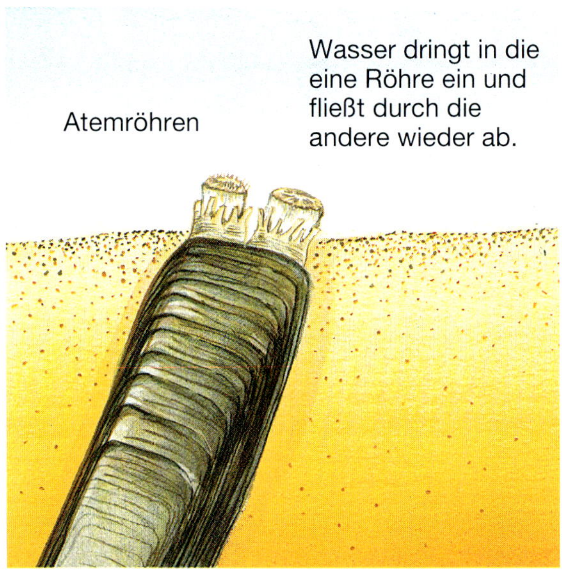

Die Messerscheide filtert Nährstoffe aus dem Wasser.

DIE JAKOBSMUSCHEL

Die Jakobsmuschel hat ihre untere Schalenklappe im Sand versteckt und beobachtet wachsam mit ihren kleinen Augen die Umgebung.

Wenn ein Seestern naht, springt die Jakobsmuschel rasch weg, indem sie ihre beiden Schalen auf- und zuklappt.

Die vielen Augen und die empfindlichen Fühler lassen die Jakobsmuschel Gefahren rechtzeitig erkennen.

SCHNECKEN

Diese Schnecken hier leben im oder am Meer. Mit ihrem Saugrüssel schlürfen sie Weichtiere oder fressen mit ihrer rauen Zunge Algen.

Die Stachelschnecke durchlöchert mit Säure die Muschelschale.

Die Wellhornschnecke mag vor allem Austernfleisch.

Die Napfschnecke hinterlässt eine Duftspur, um zurückzufinden.

Bei Ebbe verschließt die Strandschnecke ihr Haus.

RAFFINIERTE FISCHE

Manche Fische haben ausgefallene Tricks, um Würmer, Krebse oder kleine Fische zu fangen!

Die Seebarbe wühlt mit langen Bartfäden den Boden auf.

Der Seeteufel hat lange Fäden, die er wie Angeln benutzt.

Die Muräne lauert in Felsspalten versteckt auf Beute.

Der Rotfeuerfisch sticht die Beute mit seinen giftigen Stacheln.

REINLICHE FISCHE: DIE PUTZERFISCHE

Putzerfische kümmern sich um die Reinigung und Pflege anderer. Ihre Kunden warten, bis sie an der Reihe sind.

Der Putzerfisch frisst das kranke Fleisch der Fische und kleine Krebstiere, die an den Fischen haften.

Sogar das Maul wird gründlich gereinigt!

Dieser Hai lässt sich von seinem Putzerfisch begleiten.

HAIE

Diese Fische mit ihrem gefährlichen Ruf haben mehrere Zahnreihen. Fällt ein Zahn aus, wächst sofort ein anderer nach und füllt die Lücke.

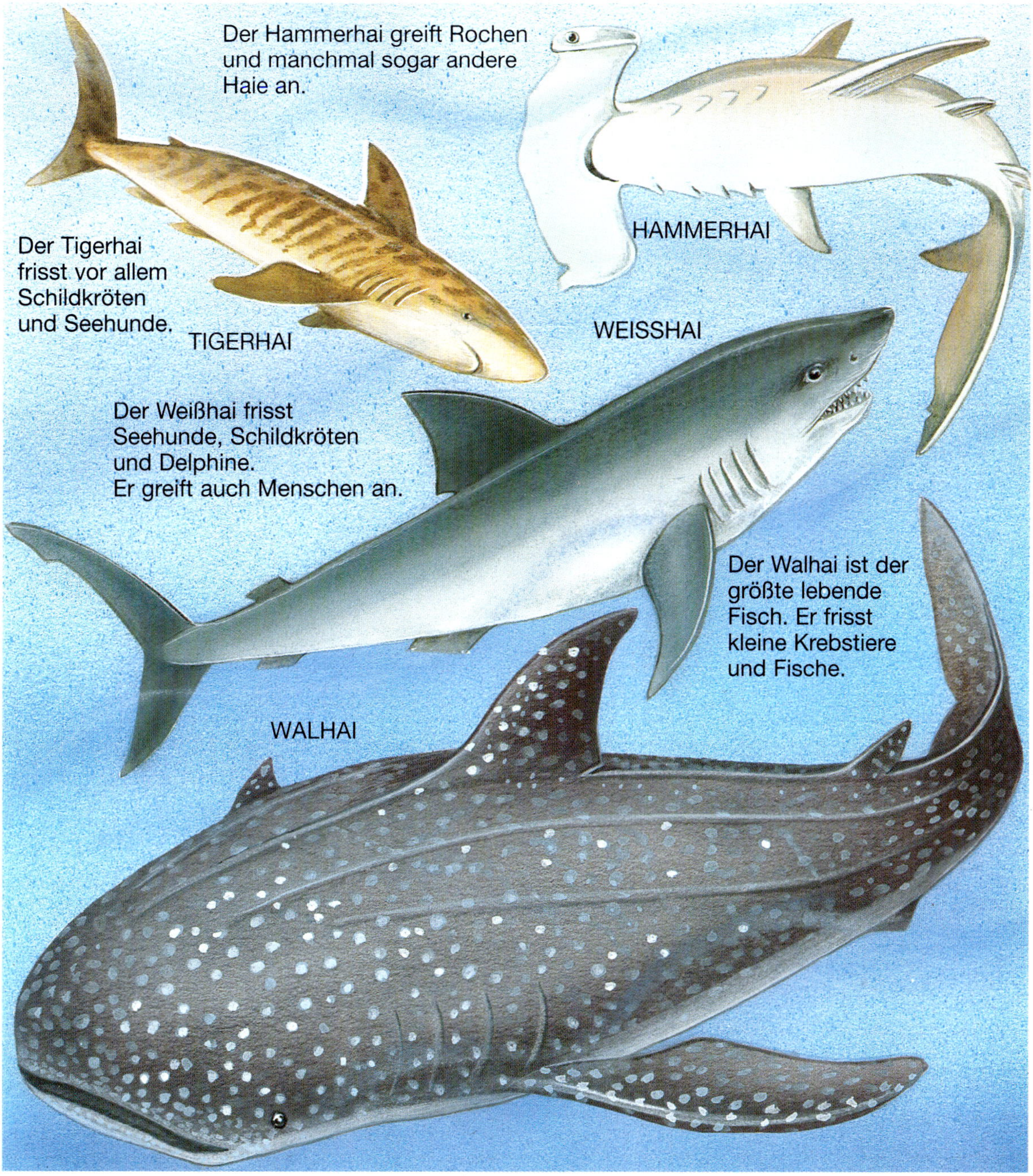

DAS PLANKTON

Das Plankton ist eine Mischung aus winzigen Algen, Eiern, Larven und kleinsten Lebewesen.

Das Plankton ist Grundnahrungsmittel für Wale, Muscheln, kleine Fische und viele Meeresvögel.

Die Bartenwale jagen keine Beutetiere, sondern kämmen mit ihren Barten Plankton aus dem Wasser.

DER JUNGE SEEHUND: DER HEULER

Das Leben im ewigen Eis ist nicht leicht. Um zu überleben muss ein kleiner Seehund schnell wachsen und früh lernen Fische zu fangen.

Bei der Geburt hat der Heuler ein langhaariges, weiches Fell.

Nach und nach wird sein Fell rau und kurz.

Der Heuler zögert seiner Mutter ins kalte Wasser zu folgen. Doch bald wird auch er tauchen und selbst seine Beute fangen.

DIE QUALLE, DIE BRENNNESSEL DES MEERES

Wenn du eine hübsche Qualle im Wasser entdeckst, darfst du sie nicht berühren! Sie könnte dich mit ihren giftigen Stacheln stechen.

Wenn sich die Qualle nicht treiben lässt, schwimmt sie, indem sie ihren glockenförmigen Schirm öffnet und wieder zusammenzieht.

Quallen, die an den Strand gespült wurden.

Die Mundöffnung liegt unter dem Schirm. Ihre Greifarme bringen die Nahrung, wie Garnelen oder Fische, zum Maul.

VOM PLANKTON BIS ZUM SCHWERTWAL: DIE NAHRUNGSKETTE

Die kleinsten Tiere werden von größeren gefressen, die wiederum sind Nahrung für noch größere: So braucht der Größte den Kleinsten!

LANGUSTINE UND GRUNDEL

Die Langustine gräbt sich im Schlamm tiefe Höhlen, die sie nur zur Nahrungssuche verlässt. Aber nur, wenn absolut keine Gefahr droht!

Die Grundel, ein kleiner Fisch, hält Wache. Zum Dank findet sie bei Gefahr Schutz in der Langustinenhöhle.

Ein riesiger Meeraal naht! Die Grundel schwimmt schnell in die Höhle. Nun weiß die Langustine, dass sie die Höhle nicht verlassen darf.

SEEANEMONE UND CLOWNSFISCH

Sobald ein Fisch oder Krebs sich in den Fangarmen der Seeanemone verbirgt, vergiftet sie das Tier und verschlingt es.

Der Clownsfisch benutzt einen Trick: Er reibt sich an den Fangarmen und sendet so einen Duft aus, an dem die Seeanemone ihn erkennt.

In der Seeanemone findet der Clownsfisch perfekten Schutz. Nach den Mahlzeiten frisst er die Reste und hält so die Fangarme sauber.

DIE LIST DES EINSIEDLERKREBSES

Diese Krebsart hat keinen festen Panzer. Um den weichen Körper zu schützen besetzt der Krebs leere Muschelschalen.

Solange der Einsiedlerkrebs wächst, zieht er immer wieder um. Er sucht jeweils eine Behausung, die zu seiner Größe passt.

Die Seeanemone lebt von den Feinden des Einsiedlerkrebses und überlässt ihm die Reste ihrer Beute.

DIE KNIFFE VON TINTENFISCH UND KRAKE

Gut im Sand verborgen nehmen diese beiden großen Weichtiere mit ihren scharfen Augen Beutetiere wahr.

Kalkschale des Tintenfisches

Der Tintenfisch sprüht einen Wasserstrahl in den Sand, um Krebse aus ihrem Versteck zu locken. Jetzt kann er sie blitzschnell packen.

Bei Gefahr gibt der Krake einen Tintenstrahl ab, der ihn einhüllt. Seine Eier hat er an der Decke seiner Höhle aufgehängt.

DIE SCHWÄMME

Ein Schwamm ist ein Tier ohne Kopf und Maul. Wasser fließt durch die Löcher und Kanäle des Schwammes, so erhält er seine Nahrung.

Lange Zeit dachte man, dass Schwämme Pflanzen seien. Hier siehst du Schwämme in verschiedenen Formen und Farben.

MERKWÜRDIGE FISCHE

Diese Fische hier haben wirklich ein seltsames Aussehen.
Manche von ihnen sind auch gefährlich!

WAL-REKORDE

Man unterscheidet zwei Walgruppen: die Zahn- und die Bartenwale. Der Pottwal ist der größte Zahnwal, der Blauwal der größte Bartenwal.

SPITZENTAUCHER

Seehunde und verwandte Tiere schwimmen nicht weit ins Meer hinaus, um zu jagen. Also tauchen sie sehr tief, um genug Beute zu finden.

Das Walross kann 10 Minuten lang und bis zu 80 m tief tauchen!

Der See-Elefant taucht fast so tief wie der Pottwal: bis zu 900 m!

Der Seehund kann 40 Minuten unter Wasser bleiben!

Der schnelle Tauchgang der Ohrenrobbe hat sich gelohnt!

NÜTZLICHE SCHEREN

Krebstiere benutzen ihre Scheren für vieles: zum Essen, zum Laufen, zum Graben und zum Kämpfen!

Zwischen männlichen Hummern kommt es oft zu sehr harten Kämpfen. Der Stärkere reißt dem Schwächeren die Scheren aus, manchmal tötet und frisst er ihn sogar.

Der Hummer geht auf seinen Scheren. Mit der kleinen Schere zerkleinert er Fische, mit der größeren knackt er Muscheln.

MUSCHELHÄUSER

Um ihren weichen, verletzlichen Körper vor den Wellen zu schützen bauen sich die Larven der Weichtiere ein Haus: die Muschelschale.

Die Muschel wächst mit dem Körper des Tieres mit.

Der Nautilus bewohnt die Kammer bei der Muschelöffnung.

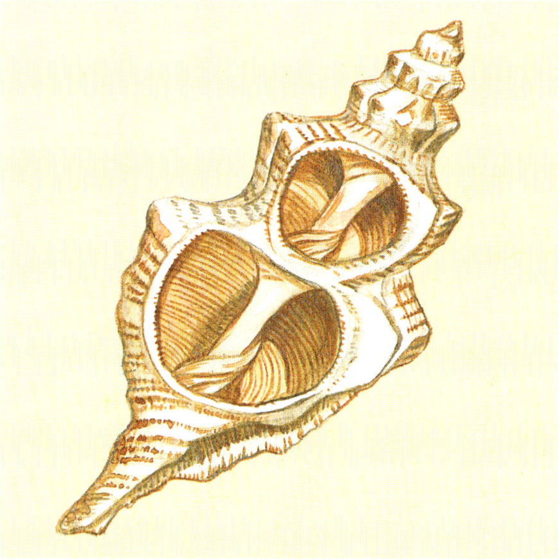

Suche am Strand nach einer leeren, spiralförmigen Muschel. Um das Innere zu sehen schleifst du die Schale mit Schmirgelpapier ab.

GARNELEN UND KREBSE FANGEN

Bei Ebbe liegen die Felsen und der Strand frei. Das ist für dich der richtige Moment, um mit Eimer und Netz auf Fang zu gehen!

GARNELENFANG

Suche eine seichte Stelle zwischen Felsen. Wühle ein wenig den Grund auf und ziehe mit deinem Netz über den Boden.

KREBSFANG

Krebse findest du unter Steinen versteckt. Das kleine Bild zeigt, wie du sie packen musst, damit sie dich nicht zwicken.

MUSCHELN UND WÜRMER SUCHEN

Wenn die Muscheln gekocht sind, kannst du sie dir schmecken lassen. Die Würmer kannst du beim Angeln gut gebrauchen.

Wenn die Flut einsetzt, findest du Herzmuscheln im Sand.

Miesmuscheln und Strandschnecken sind auf den Felsen.

Den Tunnel, den die Würmer gegraben haben, kannst du leicht an den kleinen Sandhäufchen erkennen. Hier musst du graben.

WAS MAN ALLES AM STRAND FINDET

Wenn die Ebbe einsetzt, bleibt manches am Strand liegen, was sich zu sammeln lohnt.

Du kannst eine Menge Sachen finden: das Kalkgehäuse eines Seeigels, die Schale eines Tintenfisches, Tintenfischeier, verschiedene Muscheln, leere Schneckenhäuser, Algen, Vogelfedern ...

WER FRISST WEN? WER FRISST WAS?

Schau dir das Bild aufmerksam an und versuche herauszufinden, wen oder was die aufgeführten Tiere fressen.

SUCHSPIEL

Viele Tiere haben die Farbe des Sandes oder der Steine, um in ihrer Umgebung nicht aufzufallen. Andere flüchten schnell.

Findest du die folgenden Tiere? Seeanemone - Garnele - Grundel - Krebs - Seestern - Miesmuscheln - Strandschnecken - Langustine - Messerscheide - Napfschnecken - Krake - Seezunge - Strandflöhe

FRAGESPIEL

Wenn du die Fragen nicht beantworten kannst, lese noch einmal die vorherigen Seiten. Nach und nach wirst du die Lösungen finden.

Wer hat Barten? Wer hat Zähne? Wer hat Scheren? Wer atmet an der Oberfläche? Wer brennt? Wer verspritzt Tinte?

KREUZ UND QUER

O je, hier ist einiges falsch! Was gehört wohin? Gelingt es dir, wieder Ordnung zu schaffen?

NUTZUNG UND GEFÄHRDUNG DES MEERES

VERSCHIEDENE FANGMETHODEN

Schon immer haben Menschen Fischfang betrieben. In manchen Ländern bedient man sich dazu ausgefallener Techniken.

Dieser Fischer aus Sri Lanka sitzt auf einem Holzgerüst.

Die chinesischen Fischer lassen sich von Kormoranen helfen.

Delphine treiben diesen Pazifikbewohnern ganze Fischschwärme zu. Die Fische werden dann mit Netzen eingekreist.

AN BORD EINES FISCHKUTTERS

Ein Fischkutter zieht ein Schleppnetz hinter sich her. So werden alle Fische gefangen, die gerade vorbeischwimmen.

Wenn das Netz ausgeworfen wird, drosselt der Schlepper die Geschwindigkeit, ist es voll, wird es mit einer Winde hochgezogen.

Der Fang wird gleich an Bord gesäubert und sortiert, manchmal sogar eingefroren. Dann kehrt der Kutter zurück in den Hafen.

Hier einige Speisefische:

1- Seezunge 2- Seestern 3- Kabeljau 4- Seeteufel 5- Seehecht

THUNFISCHFANG

Hast du schon einmal Thunfisch gegessen? Um ihn fangen zu können müssen die Fischer mehrere Tage auf See bleiben.

Ein Thunfischschwarm ist gesichtet worden. Schnell werden Sardinen als Köder an den Angelhaken befestigt. Aus dem Schiff werden kleine Wasserfontänen gespritzt, die die Thunfische für springende Sardinen halten: So werden sie angelockt und gefangen.

KRUSTENTIERE

Krustentiere werden in Körben, sogenannten Reusen, lebend gefangen und in Behältern, die mit Meerwasser gefüllt sind, in den Hafen gebracht.

Krebs- und Hummerreuse

Langustenreuse

Die Fischer legen Fischabfälle in die Reusen, um Krustentiere anzulocken. Dann lassen sie die Reusen auf den Meeresgrund hinab. Nach 2 Stunden werden sie hochgezogen und geleert.

AUSTERN- UND MUSCHELBÄNKE

Austern und Muscheln werden in Anlagen gezüchtet, die man Bänke nennt. Diese müssen regelmäßig gepflegt werden.

Die jungen Miesmuscheln sitzen an Holzpfählen, dem Muschelzaun. Wenn sie ausgewachsen sind, werden sie geerntet.

Die jungen Austern heften sich auf Dachziegel, die der Züchter an hölzernen Gestellen befestigt. Er entfernt Austern fressende Tiere.

PERLEN

Ein Sandkorn gelangt in eine Auster. Die innere Schicht dieser Muschel, das Perlmutt, legt sich nach und nach darum. So entsteht eine Perle!

Um Perlen zu züchten führt man eine kleine Perlmuttkugel in das Austerninnere ein. Es dauert etwa 5 Jahre, bis eine Perle daraus wird.

Diese Taucher sammeln eine besondere Austernart ein, die schwarze Perlen enthält. Es gibt sie bei Tahiti.

MEERESPFLANZEN

Algen sind Pflanzen ohne Wurzeln. Sie sind für viele Meerestiere Versteck und Nahrung.

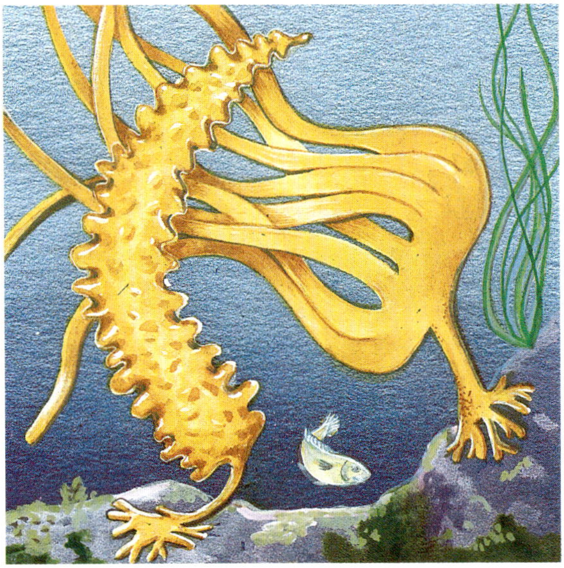

Die Braunalge saugt sich an Felsen fest.

Die Grünalge schwimmt mit ihren kleinen, luftgefüllten Kammern.

Der Seeotter lebt inmitten der Algen. Als Nahrung dienen ihm die hier versteckten, kleinen Krustentiere.

TANG-ERNTE

Tang wird bei der Herstellung vieler Produkte verwendet. Auch du kennst Dinge, die Tang enthalten, wie Ketschup oder Eis.

Diese Schiffe sind speziell ausgerüstet. An Bord ist ein Greifarm mit Haken befestigt, mit dem der Tang hochgezogen wird.

Der Tang wird in Laster verladen und zur Weiterverarbeitung in Fabriken gebracht.

MEERSALZ

In Salzgärten lässt man Meerwasser durch die Einstrahlung der Sonne verdunsten. Zurück bleibt das Salz.

In kleinen Kanälen fließt das Meerwasser in den Salzgarten. Jedes Feld ist von schmalen Wegen umschlossen.

Hier wird das Salz abgeschöpft.

In Schubkarren wird das Salz zur Lagerung weggebracht.

MEER IN GEFAHR

Viele Meere und besonders die Binnenmeere schweben in Gefahr. Sie sind bedroht von Verschmutzung und übermäßiger Ausnutzung.

Hier hat man zur Bewässerung der Felder die Zuflüsse eines Meeres umgeleitet. Nach und nach wird so dem Aralsee das Wasser entzogen.

Zahlreiche giftige Abwässer gelangen in Flüsse und Meere.

Küsten werden zugebaut. So verschwinden Lebensräume.

DIE BOHRINSEL

Erdöl ist eine der wichtigsten Energiequellen und ein wichtiger Rohstoff für viele Produkte. Oft wird es aus dem Meer gewonnen.

Tief im Boden befindet sich eine Ölquelle. Auf starken Pfählen wird eine Plattform fest im Meeresgrund verankert. Sie bewegt sich nicht einmal bei Sturm!

Ein Bohrkopf gräbt sich tief in den Meeresboden. Durch das Bohrloch steigt Erdöl bis zur Plattform hinauf.
Hier arbeiten unter sehr harten Bedingungen bis zu 100 Menschen.

ÖLPEST

Alles, was auf dem Meer treibt, wird von den Strömungen an die Küsten gespült. Kentert ein Tanker, nimmt auch das auslaufende Öl diesen Weg.

Öl legt sich wie ein Teppich auf das Meer. Mit der Flut erreicht es Küsten und Strände und bedeckt alles mit einer schwarzen, klebrigen Schicht.

Die Reinigung der Küsten ist eine lange, mühevolle Aufgabe.

Dieser Vogel konnte gerettet werden! Nun wird das Öl entfernt.

AUSGESTORBENE TIERE

Schon immer haben Menschen Tiere gejagt, um sich zu ernähren. Oft wurden zu viele gejagt. Manche Arten sind deshalb ausgestorben.

Die Riesenseekuh lebte vor 300 Jahren in den Polarmeeren. In nur 30 Jahren wurden alle bis auf den letzten Vertreter dieser Art getötet.

Der Riesenalk wurde im letzten Jahrhundert von Jägern völlig ausgerottet. Er lebte nahe am Nordpol.

TIERE IN GEFAHR

Diese Arten hier sind in großer Gefahr. Wenn der Mensch sie weiter jagt, werden sie aussterben. Sie müssen deshalb geschützt werden!

Wilderer verkaufen die Panzer vieler Schildkröten!

Das Walross wird wegen seiner Stoßzähne aus Elfenbein getötet!

Im Mittelmeerraum leben nur noch 500 Mönchsrobben!

In bestimmten Gegenden gibt es kaum noch Riesenbarsche!

WALFANG

Früher töteten Walfänger 100 Wale am Tag. Das ist jetzt verboten, aber manche würden gerne ohne Rücksicht weiterjagen!

In einem Beiboot nähern sich die Fänger dem Wal, töten ihn mit Harpunen und nehmen ihn bis zum Schiff ins Schlepptau.

Kaum ist der Wal an Bord, wird er zerlegt. Viele Menschen mögen auch sein Fleisch gerne.

NATURSCHUTZGEBIETE

In diesen geschützten Gebieten sind Angeln und Jagen verboten! Besucher müssen die Natur respektieren!

Die Fische haben sich in diesem unterseeischen Naturschutzgebiet stark vermehrt. Sie fressen den Tauchern sogar aus der Hand.

In diesem nordfranzösischen Naturschutzgebiet können die Jungen des Basstölpels ungestört schlüpfen und heranwachsen.

WEISSWALE IN GEFAHR

An manchen Stellen des Sankt-Lorenz-Stroms in Kanada mischen sich Süß- und Salzwasser. Dort leben viele Weißwale.

Unzählige Fabriken leiten ihre Abwässer in den Fluss. Die Weißwale leben in diesem schmutzigen Wasser, ohne die Gefahr zu kennen.

Die Muttertiere fressen gefährliche Stoffe, die über die Muttermilch in ihre Jungen gelangen. Werden die Weißwale bald aussterben?

GIFTIGE KETTENREAKTION

Ein Hai inmitten des Ozeans kann an den giftigen Industrieabwässern einer sehr weit entfernten Fabrik sterben ...

1- Eine Fabrik lässt ihr giftiges Abwasser in den Fluss.

2- Die Schadstoffe gelangen mit dem Fluss ins Meer.

3- Das Plankton nimmt das Gift auf.

4- Heringe fressen das vergiftete Plankton.

5- Der Thunfisch frisst die vergifteten Heringe.

6- Der Thunfisch landet in dem Magen des Hais.

So sind giftige Stoffe in eine Nahrungskette eingedrungen!

WENN EISMEERE SCHMELZEN ...

Das Packeis der Antarktis ist eine riesige Eismasse. Würde es schmelzen, würden alle Meere der Welt stark ansteigen.

Die grünen Flächen auf der Karte zeigen, was in diesem Fall alles unter der Wassermasse verschwinden würde.

Schmelzen aber einzelne Eisberge, passiert nichts. Der Eiswürfel im Glas stellt den Eisberg dar. Das Wasser läuft nicht über.

ABENTEURER, PIRATEN UND ENTDECKER

DIE ANFÄNGE DES TAUCHENS

Schon immer träumten die Menschen davon, die Tiefen der Ozeane zu erkunden. Aber wie sollten sie unter Wasser atmen können?

Seit langer Zeit tauchen Frauen in bestimmten Regionen Japans ohne Hilfsmittel nach Perlen. Sie können mehrere Minuten lang den Atem anhalten.

Erst der Taucheranzug machte es den Menschen möglich, auf dem Meeresgrund zu laufen. Die Taucher waren durch einen Schlauch mit dem Schiff verbunden.

DAS UNTERSEEBOOT

Die meisten U-Boote werden zu Kriegszwecken benutzt. Es gibt U-Boote, die mehrere Monate lang unter Wasser bleiben können.

Im Innern wird aus dem Meerwasser Sauerstoff zum Atmen und Süßwasser zum Trinken bereitet. Beides ist unersetzlich für die Besatzung.

Um in die Tiefe zu gelangen wird Wasser in die Tauchtanks eingelassen. Zum Aufsteigen wird dieses Wasser mit Druckluft wieder herausgepresst.

SEGEL UND RUDER

Am Anfang benutzte man Ruder, um auf See voranzukommen. Dann erfand man Segel und machte sich so die Kraft des Windes zunutze.

Die Wikinger waren Krieger, die mit ihren drachenköpfigen Booten die Meere durchkreuzten. Fehlte Wind, ruderten sie.

Griechen und Römer bauten die ersten Kriegsschiffe, die Galeeren. Die Mannschaft musste ganz genau im Takt rudern.

MODERNE SEGLER

Heute wird Segeln zum Spaß oder als Sport betrieben. Segelrennen nennt man Regatten.

Die Jolle ist ein kleines Segelboot, das für Anfänger geeignet ist.

Der Katamaran besteht aus zwei Schwimmkörpern. Er ist auf dem Wasser ganz besonders schnell.

GROSSE SEGELSCHIFFE

In den Seehäfen kannst du zusehen, wie große Schiffe von ihren langen Reisen zurückkehren oder wie eine Ladung gelöscht wird.

Dieses Passagierschiff geht gerade auf Kreuzfahrt.

Die Laderäume dieses Frachtschiffes fassen viele Tonnen.

Dieses Tankschiff hier ist mit Öl beladen.

Auf Fährschiffe kann man sein Auto mitnehmen.

BESONDERE SCHIFFE

Wie kann man im Polarmeer fahren? Wie schwebt man knapp über dem Wasser? Hier zwei ganz besondere Schiffstypen.

Um auf zugefrorenen Gewässern voran-zukommen bricht der Eisbrecher beim Fahren die Eisdecke auf.

Das Luftkis-senfahrzeug gleitet über das Wasser und trans-portiert Fahrgäste auf kurzen Strecken.

DIE ERSTEN GROSSEN SEEFAHRER

Christoph Kolumbus ahnte nichts von der Existenz des Pazifiks, während Eingeborene in einfachen Booten ihn schon befuhren.

Die Stellung der Sterne half den Maoris dabei, sich auf ihren Fahrten im Pazifischen Ozean zu orientieren.

Kolumbus entdeckte mit seinem Schiff Santa Maria die Inseln vor Mittelamerika.

Magellan erlebte das Ende seiner großen Entdeckungsreise nicht mehr, aber seine Mannschaft umsegelte zum ersten Mal die Welt.

Magellan war der erste Europäer, der durch den Pazifik segelte. Der Weg zwischen Atlantik und Pazifik wird ihm zu Ehren Magellanstraße genannt.

Kapitän Cook unternahm viele berühmte Fahrten. Er erkundete den Pazifik und entdeckte Australien. Von seinen Fahrten brachte er genaue Seekarten mit, die anderen Seefahrern eine große Hilfe wurden.

MIT DEM RUDERBOOT DURCH DEN PAZIFIK

Die großen Meere haben schon immer viele Menschen fasziniert und oft zu verrückten Unternehmungen verleitet.

Der Franzose Gerard d'Aboville durchquerte rudernd in seinem Boot den Pazifik. Er kenterte auf der Überfahrt 36-mal!

DIE NAVIGATION

Um eine Route auf See genau einhalten zu können wurden im Laufe der Geschichte immer genauere Instrumente entwickelt.

Das Astrolabium ist ein altes Instrument. Es zeigt Nord und Süd an.

Dann gab es Seekarten und den Kompass.

Der Radar warnt vor Hindernissen wie Eisbergen.

Satelliten ermitteln ganz genau die Schiffsposition.

GEFÄHRLICHE ROUTEN

Um Schiffe gut navigieren zu können müssen die Seeleute die Instrumente beherrschen, die Route kennen und vorausschauend steuern.

Das Kap Horn ist eine große schwarze Felsmasse, die von hohen Wellen und starken Winden umgeben ist. Es ist der Schrecken der Segler!

Auf der Fahrt durch die Polarmeere lauern viele Gefahren: Leicht kann ein Schiff einen Eisberg rammen.

PIRATEN, KORSARE, FREIBEUTER

Früher enterten Piraten große Handelsschiffe, um sie zu plündern. Der König bezahlte die Piraten dafür, dass sie feindliche Schiffe überfielen.

Schon von weitem bereitete die schwarze Piratenflagge Angst und Schrecken! Vielfach war die Flucht zwecklos.

SCHIFFBRÜCHIGE

Sinkt ein Schiff auf dem Meer, sagt man, dass es Schiffbruch erleidet. Auf dem Meeresboden liegen Wracks aus mehreren Jahrhunderten.

Die Titanic, das größte Passagierschiff der Welt, stieß auf ihrer ersten Fahrt mit einem Eisberg zusammen und sank.

Man sagt, dass Delphine schon häufig Schiffbrüchigen zu Hilfe gekommen sind und sie zurück an die Wasseroberfläche gebracht haben.

SIRENEN UND MEERJUNGFRAUEN

Es gibt viele Märchen und Geschichten von Nixen, schönen Meerjungfrauen und Wassergeistern. Ihr Schicksal ist oft traurig.

Der Sage nach singen die Sirenen und locken die Seeleute an, die dann mit ihren Schiffen vom Weg abkommen und untergehen.

Die kleine Meerjungfrau aus Andersens Märchen ist in einen Prinzen verliebt. Um Beine zu bekommen muss sie ihre Stimme opfern.

SEE-UNGEHEUER

In zahlreichen Abenteuergeschichten tauchen riesenhafte See-Ungeheuer auf, die Schiffe angreifen und versenken.

Dieses Furcht erregende Krakenmonster zieht ein Schiff mit seiner Mannschaft in das nasse Grab der See!

MOBY DICK

Die berühmteste Walfanggeschichte, Moby Dick, schildert die besessene Suche und Jagd auf einen gigantischen weißen Wal.

Kapitän Ahab ist von dem Gedanken getrieben, Moby Dick zu töten, und opfert dafür viele Menschenleben - zuletzt sein eigenes!

Titel der französischen Ausgabe:
L'imagerie de la mer
Printed in Italy September 1998
ISBN: 3-89717-094-9

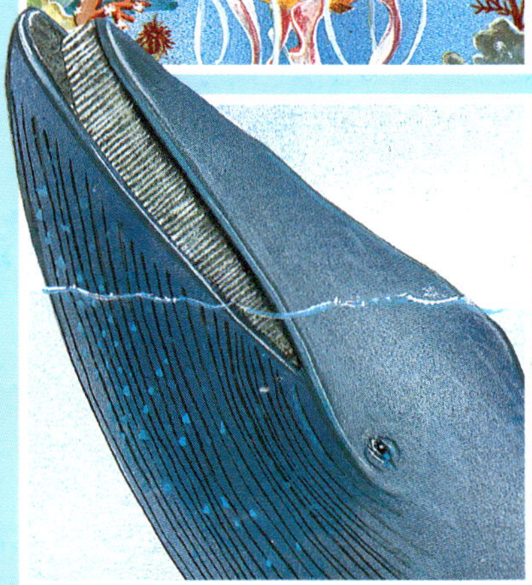